JN438454

그것이 사랑이었다

그것이 사랑이었다

김창임 시집

신아출판사

작가의 말

어려운 환경에서도 시를 800여 수 이상 남기신 조부님의『초남시집』을 보면서 '우리가 후세에 남겨야 할 것은 바로 이런 시집이겠구나!'라는 생각을 했다. 그동안 나는 수필을 쓰면서 가끔 짬을 내어 감히 시라고 할 수 있을는지 모르지만 한 편 한 편의 글, 시를 쓴다는 생각으로 써왔다.

그러던 중 정읍시 여성회관에서 시를 전문적으로 가르친다는 이야기를 어느 문우님으로부터 듣게 되었다. 그래서 곧바로 수필 공부를 하는 문우들과 함께 그곳을 찾았다. 거기서 만난 분이 유종화 시인님이다. 안도현, 도종환, 정호승, 김용택 시인들과 동인 활동을 함께 하신다고 하는 분이다.

그때부터 바로 나도 시를 써보겠다는 욕심으로 부지런히 강의를 듣고 시에 대한 이론적인 공부도 했다. 요즈음 시인들이 쓴 좋은 시를 가르쳐 주시고 메일로 보내주셔서 많은 것을 배우고 또 깨우치고 있다.

어느 정도 배우며 나도 한 편의 시를 써보았더니 시인님께서 시를 괜찮게 썼다며 칭찬을 아끼지 않으셨다. 자신감을 심어주시기 위한 칭찬 이리라 생각했다. 하지만 조금이나마 글을 쓸 수 있다는 용기가 생겼다. 선생님 말씀에 따르면 좋은 시를 쓰려면 적어도 십 년 정도 습작 과정을 거쳐야 제대로 된 시가 나온다고 하셨다.

하지만 나는 건강이 그다지 좋은 편이 아니다. 그래서 조금이라도 더 지름길로 가고 싶은 마음 가득하다. 그래서 조금은 부족하더라도 글쓰기에 매진하려 한다. 그래서 요즘 내 눈과 마음은 온통 시 글감 찾는데 몰두하고 있다. 평소에 그냥 지나치던 사물을 자세히 관찰하며 어떻게 시로 표현을 할까 하는 생각뿐이다. 오직 불광 불급不狂不及의 의미를 믿으며 글쓰기에 매달리려 한다.

남들이 어떻게 평가를 할 것인가에 두렵고 부끄러운 마음 감출 길이 없다. 그러나 이렇게라도 시집을 낼 수 있다면 그것으로 감사할 뿐이다.

2021년 새해

김창임

차례

제2부

제3부

제4부

제5부

발문

제1부

낮잠

어린 시절 우리 집
우물이 없어
두 집 건너 이웃에서 물 길어왔다

그 집 우물 속에는
개구리 두 마리 울타리 옆
빨갛게 열려있던 앵두나무 한 그루

대낮 스멀스멀 밀려오는 잠으로
크게 입을 벌려 하품하며
쭉 늘어져 있는 쇠비름처럼 낮잠을 잔다

울타리 속으로 엉금엉금
기어가는 사마귀 한 마리
모두 낮잠에 한가로움만 집을 지킨다

금덩이

초등학교 다니던 어린 시절 우리 집 비가 오나 눈이 오나 마당은 늘 질퍽거렸다 그럴 때마다 나는 마루를 깨끗이 닦곤 하였다 깨끗이 닦아놓은 마루 위에 아버지께서는 항상 수확한 곡식 가마를 올려놓으셨다 닭들은 이때 다며 마루 위 곡식 가마 주위를 맴돌았다

곡식 가마 어서 마루 위로 올라오라고 닭을 불렀다 닭들은 맛 좋은 곡식을 쪼아 먹으려는 욕심에 주인 눈 칠랑은 괘념치 않고 마루로 훌떡 올라왔다 이를 보던 나는 그놈의 닭들을 부리나케 쫓아버렸다

마루에는 닭의 황톳빛 발자국들이 남아 있었다 쿡 쿡 쿡

닭은 곡식을 훔쳐 먹은 게 미안했던지 닭장 속에 세 개 짚가리 속에 두어 개 마루 밑에도 여러 개 금덩이 같은 달걀을 귀한 황금덩이를 우리 집에 선물로 보내주었다

기억력 감퇴

어제저녁 TV 보다가 티격태격
아침에 다시 따지려고 하니

무어라고 했는지 생각 안 나네
머리만 아파서 따지지 못하겠네

나이 드는 것 꼭 나쁘지만은 않네

겨우살이

매화동 전셋집 살 때
우리 아이들 마음껏
뛰놀며 장난치지도 못했다

벽을 사이에 두고 있어
이웃집 들을까 봐 더구나
부부싸움은 생각조차 못했다

재래식 화장실이
달랑 하나뿐이어서
대소변도 마음 놓고 보지 못했다

목욕탕이 없으니
부엌에서 대충 씻고
무더울 때에는 등목만 했다

겨우살이 같은 처지라
애들 좋아하는 튀김도
해주지 못하고 조심조심 살았다

세월

사람들 세월이 참 빠르단다
그것은 건강하고
열정이 있고 예쁜 옷 있다는 거다

나도 직장에 근무할 적에
눈 한 번 감았다 떴더니
일 년이 쉬이 지나가버렸다

일 학기가 지나고
금방 이학기도 지나가버렸다

찬물 샤워

보일러가
고장이 나서
찬물로 샤워를 했다

솥에 데워서
할까 하다가 귀찮아서
그냥 조심하며 찬물로 했다

평소 샤워 뒤엔
재채기가 나와 찬물로 하면
또 그럴까 걱정이 앞섰다

용감하게
발끝부터 시작해
위로 오르다 온몸에 물을 끼얹었다

이상하게도
재채기가 한 번도 안 나와
그 뒤부터 찬물로 샤워를 한다

내 몸도 내가
잘 다스린다면 모든 걸
다 이겨낼 수 있음을 알게 되었다

일기장 훔쳐보기

저녁시간이 하 심심하여
남편의 젊은 시절
일기를 슬그머니 훔쳐본다

도솔산 인적이 머문
그윽한 골짜기에
그녀와 조용히 마주 앉았습니다
살랑이는 바람결에
고개 숙인 그녀에게서
나는 한 송이 백합을 봅니다
졸졸졸 개울물따라
고요의 침묵이 흐르는데
은은한 그녀의 미소가 피어납니다
붉게 물들어가는
오묘함 속에서
부처님 앞에 두 손을 모아봅니다

우울감 생길 때마다
가끔 꺼내어 읽어보는
내 가슴을 쿵쾅거리게 하는 일기장

내 마음을 빼앗아 간
그이 일기장을
이 순간 나도 모르게 훔쳐보고 있다

이기심

화장실 문 앞에
서 있는
크로톤 나무 한 그루

화장실에서 나와
손에 아직 남아있는 물기를
아무렇지 않게 크로톤 잎에 닦는다

지금 살아서 호흡하는
생명체임을 잠시 잊고서
내 입장만을 생각하는 얌체꾼

토란잎

텃밭에서
잡초를 뽑고 있는데 갑자기
주룩주룩 비가 쏟아진다

우산 같은 토란잎을 꺾어다
내 머리를 가리니 동생도
나를 따라 토란잎으로 가린다

토란잎 위에서
물방울이 데구루루 용케도
너는 나를 잘도 지켜주는구나

나도 토란잎처럼
다른 사람 위해 좋은
우산이 되어 줘야지 되어 줘야지

옹달샘

뒷동산에 오르면
언제 보아도 맑은 옹달샘
나를 기다리며 목마름을 달래준다

옹달샘처럼
따뜻하게 살려면
마음 한 줌쯤은 내어주며 살아야 한다

봄비 건너는 나비

나는 몸이
늘 허약하여
괴로울 때가 많은 사람이다

봄비 건너는 나비처럼
무거운 슬픔을
물리치는 힘도 고요히 간직한 사람이다

동병상련

노트북을 켜놓고 글을 쓰다가
써야 할 말 떠오르지 않으면
잠시 좌우로 고개를 돌린다

지금 시각은 새벽 세 시
모든 사람이 꿈속을 날고 있는 시각
맞은편 105동에도 불이 켜져 있다

그 사람도 나처럼 소화가 안 되어서일까

기적

오늘 아침에는
나 스스로 일어났다
밥을 먹으니 술술 잘도 넘어간다

화장실에서
볼일을 쉬이 보았다
밖에 나가서 가벼운 마음으로 걸었다

해님과 친구하고 바람과도 악수한다

코끼리산 나무들이
춤을 춘다
바위들도 벌떡벌떡 일어선다

돌산 갓

아무리 춥고 외로워도
그것을 이겨내는 너

추운 날 땅에
바짝 엎드려 있는 너
이 겨울을 잘도 견디는구나

바람이 가르쳐 주더냐
햇볕이 가르쳐 주더냐

추위를 많이 타는 나
나를 좀 도와줄 수 있으려나

우리 고향 지킴이

깊은 산골짜기에 사는
작은오빠와 남동생 부부
꽃과 나무 산새를 사랑한다

상큼한 공기 맑은 물 마시고
뻐꾸기 소리 들으며
잘 숙성된 더덕주도 마신다

가끔 찻잔에
산새들의 노랫소리와
솔향을 담아 시나브로 마신다

굵은 소금 살살 뿌려
닭고기나 삼겹살 구워 먹는 맛
임금님 수라상 부럽지가 않단다

오빠는 아침 일찍 일어나
채소 약초 과일나무 가꾸고
손녀딸 판소리에 북치며 추임새 한다

동생은 시낭송 성악공부
배드민턴 사이클 하며
이따금 부모님 산소에 가
이승에서 못다 한 정도 나눈다

누구에게 간섭받지 않아
마음 편하고 즐겁다며
고향 지키고 사는 일 행복하단다

홍단풍

홍단풍 같은 우리 시누이
오십 대부터 흰 머리칼 많아서
개구쟁이들 그녀를 보면 어르신이라 부른다

그저 그러려니 미소 짓는 그녀
검은 갈색 염색약 사다가
옷에 묻을까 봐 먼저 신문지로 몸을 감싼다

괜찮다는 그녀 머리
검은 갈색으로 바뀐 그 모습에
기분 좋아진 나 이제야
제 나이로 보인다며 그녀 보고 웃는다

흰 머리칼이 늘어나는 남편도
그냥 그대로 살겠다는 걸
나는 열 살은 젊게
바꿔 놓고 그를 보며 활짝 웃음 짓는다

마음 비우기

우리 집 드러내기 싫어
통 크게 시 마을로 왔다
나목이 되기는 매한가지

별 수 없이 옷을
다 벗어 버려야 할까 보다

옷 벗기가 싫다면
사랑해 버리면 되겠지

머리에서 가슴까지 오기가
육십 년이나 걸린다고 하던데

차라리 마음을 비우자
내가 사랑해야 할
자식들을 위해서

주홍초

제주 여행 중 우도에 갔다
주홍초 같은 말이 눈에 띈다

두려운 마음으로
말 위에 오르니 내 가슴에
두려움 엄습하여 보이는 게 없다

새가슴에 어느새 목적지다
고마운 게 말인가 마부인가

그래도 여보 이다음에 또 와요

참새들의 과학 시간

어느 날 과학 시간
백합꽃 한 송이
책상 위에서 벌벌 떨고 있는데
참새들 면도칼을 서로 번득이고 있다

세로로 날카롭게 번득이더니
빨강 파랑 물감이
내게 살며시 품에 안으라 한다
아픔을 이겨내며 쭈욱 빨아올렸다

다시 가로로 사정없이
면도날을 번득인 다음 아무렇지도 않게
상처 난 나를 바라보더니
와! 하고 즐거워하며 함성을 터뜨린다

나에겐 너무도
무섭고 아픈 고통의 순간이지만
참새 같은 아이들에겐 그 순간이
그리도 잊지 못할 시간이었을 줄이야

행복 막대그래프

손톱을 깎고
발톱을 깎은 뒤
가위 찾아 머리카락도 자른다

넓적다리 사이
많이 패인 낭떠러지
자갈 모래흙으로 채워져 있다

어느 날 팔뚝도 보고
종아리도 보니 막대그래프 눈금이
올라간 것 같아 행복감에 젖는다

이제는 가슴 근육도
다시 제자리에
나도 다시 여자로 돌아왔다는 건가?

초남 시집

초남 시집을 통해
좋은 시 만나고 또
할아버지 숨결을 느낄 수 있네요

할아버지 시를 만나면
어떻게 사셨나 알 것만 같아요
내장사 시회에서 장원을 하셨다지요

할머니 부탁 잊으시고
깨 덕석이 떠내려가는 줄도 모르고
시 짓는데 그리도 열심하셨다지요

초남 시집을 통해
저희 후손들에게
많은 가르침 주셔서 감사드려요

낮 달맞이꽃

산으로 가자면
바다로 가자 하고
간식이 싫다고 해도
과일을 한입 가득 넣어 준다

자취방에 가 반찬 주고
여름 옷가지도 챙긴다
기쁜 소식 가방에 한가득 넣어
귀한 아들 미소 보며 실컷 웃고 싶다

오랜만에 모임도 가야 하고
결혼식장 장례식장에도 가야 한단다

우리 애들 지금이 너무 중요하다네요
나 혼자 하기는 짐이 너무 버거우니
당신 인사치레는 축하금만 보내세요

나의 희망

초저녁 남편과
둘레 길을 걷다가 무심코
하늘을 보니 유난히도 반짝이는 별 하나

저 별은 어찌
저리도 환하게 빛날까
고운 임 어서 오라 어두운 밤길 비추나 보다

하늘에 듬성듬성
여기저기에 떠있는 별들
어릴 적에 보았던 그 많던 별 지금은 어디에

아무리 눈을 크게 떠보아도
헤싱헤싱한 별들 가운데
아쉬움 달래주는 유난히도 반짝이는 밝은 별 하나

겨울밤

시아　시아　시아
눈이 내린다 눈이 쌓인다

이렇게 고요한 밤
벌써 남편은 꿈나라를 헤맨다

나 홀로 잠 못 이루는 이 밤
고향집 뒷산에는 눈이 쌓이리

잠깐이면 다녀올 수 있는 그곳
고향집 뒤란에는 달빛도 쌓이리

육지 속의 섬이라던 내 고향 마을
동네 앞 신작로에는 바람 끝 차가우리

제2부

그것이 사랑이었다

어느 봄날 그이와 둘레 길을 걷다가
아무도 없는 의자에 홀로 앉아 있는데
살며시 내 흰 머리칼을 뽑아주던 일

어느 날 저녁 무심코 누워있던 나에게
어디 아프냐며 이불을 갖다 덮어주고
다정히 웃으며 내 볼에 입맞춤해 주던 일

어느 날 모임에서 밥을 먹고 있는데
웃는 모습으로 앞치마를 갖다 입혀주고
생선 가시 발라 넌지시 내게 주던 일

어느 날 오후 글을 쓰고 있는데
무얼 그리 열심히 하느냐고 물으면서
과일 주스 한 잔 가져다주던 일

곰곰이 생각해보니 그것이 사랑이었다

순창 밭에서

나는 심지 말자하고
남편은 심자
하더니만 관리는 소홀하다

하는 수 없이
가녀린 내가
밤나무를 돌봐주어야 했다

징글징글한
칡순 때문에
밤나무가 고개를 들지 못한다

내가 얼른
그것들을 치워주니
휴~ 하고 이젠 살았다며 활짝 웃는다

몇 년이 지나
가을이 되기가 무섭게 밤송이가
나왔지롱 하면서 알알이 맺힌다

기르지 않았어도
따기는 잘도 딴다
힘이 좋으니 막 두들겨 딴다

이성 친구

이성 친구 만나려고
모임에 간다고 했더니
그는 얼마든지 가라고 한다

그런데 그때는
왜 그렇게 싫어했죠
그때는 너무 젊고 멋져서 그랬지

그런데 이것이 뭐지?
아무리 생각해 보아도
묘한 이 내 마음

대리 만족

광주에 가 볼일 보고
오다가 점심시간이 되어
잠깐 장성 휴게소에 들렀다

운전한 남편한테 맛있는 것
사주고 싶어서 메뉴를 본다
순대국밥이 눈에 띄어 곧바로 주문했다

뜨끈한 순댓국에 밥 한 공기 부어
숟가락으로 잘 말아 호호 불며
한 숟갈 입에 넣고 굵직한 깍두기 하나

국물까지 뚝배기째 마시더니
나를 보며 웃은 뒤
아 참 잘 먹었다며 입을 닦는다

순대국밥 감칠맛 너무 좋지만
상놈의 위장병 때문에
먹지 못하는 이 심정 하느님이나 아실까

그래도 남편이라도
맛있게 먹었으니
정말 다행이야 정말 다행이야

행복

남편이 친구들과
모임이 있었다고 말해도
아내는 웃으며 그랬군요 하고 대답한다

아내가 설거지하다
그릇을 깼어요 하고 말해도
남편은 어디 다친 데는 없냐며 걱정해준다

사이클 선수

사이클 선수처럼 옷차림하고
남편이 자전거를 꺼낸다
자전거 타고 아파트 주위 도는 모습
어찌나 멋지던지 찰칵 사진에 담는다

칠십 대인데도 내 눈에는 청춘이다
다시 한 바퀴만 더 돌아오라니
웃으며 한 바퀴 더 돌고 와 눈빛 마주하며
나는 두 팔로 그 사람은 한 손으로 하트를 날린다

석류알

가을이
무르익어 갈 무렵 그이는
석류알처럼 생긴 하얀 이를 자랑한다

그 이 드러내며
웃는 게 하도 좋아
그 모습 보고 싶어 자주 장난을 건다

별거 아닌 소리라도
하며 웃으니
별것도 아닌 소리를 자주 하게 된다

내가 거는 장난에
다행히도 하하하 웃는 그 모습
사진 찍을 때 제발 석류알 숨기지 말아 주오

무아지경

젊은 시절 회식이 끝나면
이차를 갔다
처음에는 민망해하며 얌전을 떨었다

동료들과 어울리며
엉덩이를 실룩실룩
남편도 이에 질세라 몸뚱이를 들썩들썩

잠깐 물 마시러 간다더니
다시 제 자리
천지 분간 못 하며 이리 흔들 저리 흔들

남편 믿고 술도 한 잔
그리고 또 한 잔
그러다가 내 남편인지 네 남편인지…

내 사랑 순찰대

시를 배우려고
여성회관으로
수필 공부는 학생복지관으로

걷기 운동하러 정읍사공원
비 오는 날은 체육관으로
눈이 내리는 날도 체육관에

주일날 성당에 가서
같이 미사를 드리고
레지오 회합도 함께 한다

소화가 잘 안 되는 나는
연지 한의원으로
남편도 발 시리다며 연지 한의원에

고드름

추운 겨울 동해안 어느 깊은 산골엔
명태를 고드름처럼 줄에 꿰어 말린다

밤낮으로 얼었다 녹았다 하며 말라
그리하여 애주가들의 큰 사랑받는다

약주 마시고 집에 돌아오면 마누라가
또 술이요? 아유 지겨워 아유 지겨워

그리 말은 하지만 아침상 으레 황탯국
그걸로 남편 속도 고드름처럼 녹는다

팔불출

하니님께서 맺어준 사람
처음 만났을 땐 늘 보고 싶다더니만
아이 낳고 언제부턴가 뜸해진 우리 사이

손자를 보려고 시어머니 오시더니
여인 동은 된다는 그 말씀이
어쩐지 그 안에 가시가 느껴진다

어느 해 동지회 모임에서 어느 친구가
네 아내 배우같이 멋있다고 한 뒤부터
방긋 웃으며 그런 모임 자주 나가잔다

다른 부부 이 나이 되면
활활 타오르던 불도 꺼진다는데
우린 이제야 불이 타오르니 이를 어쩔꼬

예전엔 통통했던 내 볼이 이리 야위어
남 보기가 두려운데도 요즈음 자꾸
다가오니 이러다 애라도 생기면 어쩌나

요즘 같은 시절 그 무엇이 걱정이랴
어서 낳기만 해 다오 귀한 딸아이
나라에서 다 키워준다니 무슨 걱정인고

아이 부끄러워라 철없는 내 남편
칠순 넘은 여인 임신했다는 소식에
까아악 까아악 산까치도 축복해주나

친구여 나도 이젠 금메달 땄다며
아들딸 두었다고 마음껏 자랑해야지
동메달이여 잘 가라 이제 영원히 안녕

둘만 살다 보니

늘 웃고 살아야 한다기에
내가 남편에게 말했다
나를 누나라고 불러달라고

그 사람 깜짝 놀라더니
무슨 이야기냐며 펄쩍 뛴다

그렇지만 남편에게
동생, 운동 갑시다 하면
그 사람 곧바로 뒤따라 온다

그러다 보니 자연히
누나 동생 관계가 되어버렸다

자연스럽게 누나가 되어 버렸다

나는 남편 코디

직장에 다니던 사오십 대 시절에 멋진 옷 차려입은 직장 동료를 보면 나는 곧바로 그와 똑같은 옷을 샀다 돈을 아끼라는 남편 이야기는 귀담아듣지 않고 그 사람 옷 치수 맞추어 아껴둔 용돈으로 기쁘게 그 멋진 옷을 샀다 내가 산 멋진 정장 와이셔츠 넥타이들이 옷장에서 서로가 제일이라 뽐내며 자랑이다

그 사람 내가 산 옷이면 무조건 오케이라며 돈 아끼란 말은 언제 했냐는 듯 즐거워한다 와이셔츠는 이삼일에 한 번 세탁소로 보내고 나는 매일매일 넥타이 코디가 되어주었다

이제 와 생각해보면 쪼끔은 억울하다 주변 많은 사람들 하는 이야기가 마치 남편이 스스로 모든 걸 다 한 줄로만 안다

폭포

치마 입는 게 즐거우나
실수 안 하려고
그 안에 코르셋을 입었다

약혼식이 끝난 뒤
백양사에 가 자궁처럼 생긴
폭포 아래서 그 사람과 이야기를 나눴다

젊음이 왕성한 그 사람
맹수처럼 다가오지만
내게는 혼전 허락 절대 절대 없다

결혼식 전인데 함부로
다가오는 것 같아 기분 별로다
제 뜻 따라 줄 거란 생각은 착각일 뿐이다

나 자신 지키려고 안간힘인데
나와 생각이 너무 다른 그 사람
순결 지키려는 내 마음엔 어림도 없다

두 발로 도토리를 굴리는 다람쥐도
그럼 안 되지 그럼 안 되지 그러는데
결국은 그 사람도 뒤로 물러설 수밖에

첫날밤

결혼한 지 몇 년째 되셨어요
육십오 년 째여

결혼은 언제 했지요
열다섯에 했지

첫날밤은 치르셨어요
못 치렀지

왜 못 치렀나요
쬐깐해서 뭘 몰랐지
장개만 갔지…

실지로 언제 첫날밤을 치렀나요
아마 서너 달 지나서지

누가 가르쳐 주었나요
누가 가르쳐주어 그냥 알았제

신부가 가만히 있었나요

집어뜯고 지랄혀
집어뜯고 지랄혀

그래서 어쨌나요
그 어느 날은 신부를 피해서
도망 다니느라 혼이 났어

남편이 비를 흠뻑 맞고 온 꿈

어디 댕겨 왔소 싸게 싸게 오시오
요강 시암 뜸 사는 친구 만나러 갔다 왔지
저로 코롬 비가 오는디 뭣 땀시 갔다 왔을까잉
깻다리 사는 머슴아 신면 사는 머슴아
그리고 왕십리 사는 머슴아 만나러 갔다 왔지
그런디 두 놈은 오래 있지 못 허고
일찍 가뿌러서 에이 화가 많이 나더라고
그리서 허벌나게 술을 마셔버렸당께
근디 뭔 기분이 요롷코럼 껄쩍지근하단야
따따부따 징허게 씨월씨월 해싼네
뭔 지랄허고 갔을까 쬐끔만 참제
글씨 그렸구만 승질 급헌 놈들
아따 어찌서 싸가지가 그리 없단야
그렁게말여 이제 그놈들 그만 사귀어야것구만
아이고 맴이 짠허고 짠혀서 어쩐디야

매미 소리

주일날 성당에서
야외 미사를 드렸다
마스크 한 채 강론을 들었다

매미처럼 멋진
아름다운 찬양 노래
성가대가 있어 더욱더 은혜롭다

박자며 음정도
자유롭고 유난히도 잘 불러
벌써 다음 주일 미사가 기다려진다

성가대 고운 찬양 노래
해 달 별 모두 함께 부르면
하느님도 기쁘다며 즐겁게 들으시겠지

검은 마스크 쓴 남자들

한 편의 액션 영화를 보았다

밤에 오다가 주차장에서
조직폭력배 같이 무섭게 생긴 남자를 만났다
벌벌 떨려 도망치는데 어깨를 꽉 붙잡는다
악이라도 쓰려는데 입까지 틀어막는다

에이 잡아 죽일 놈들 호랑이 물어갈 놈들
다행히 경비원이 119에 신고를 했다

그놈들 별 수 없이 슬슬 도망친다
조폭 없는 세상 얼마나 좋으랴
안심하고 다닐 수 있는 세상이 오면 정말 좋겠다

굽은 소나무

산새들은 아느냐
유난히도 겁 많던 어린 시절의 나
굽은 소나무 너만은 나를 지켜줄 거야

나 이승에서 없던 재주 부리며
바보처럼 살다가
말없이 아주 열심히 살다 왔단다

오직 내 가족들만이
바라볼 수 있도록
네 몸 사이로 달님만 쳐다볼 수 있게 해 다오

밤마다 달빛 아래서
오롯이 가족들과 만나
실컷 먹고 즐기며 재미있게 놀고 싶구나

달님이 텐트 내어 주며
그리 살라고 하면
그저 기쁜 마음 간직하며 살고 싶구나

여보, 영원토록

나를 사랑한다는 그 말 믿어볼게요

당신보다 더 진실한 사람은 없으니까

모델 하우스

파도가 밀려오는
바닷가 해변은
체로 걸러낸 고운 금빛 모래밭이다

나도 모르게
고운 모래로 정성을 다해
만들다 보니 바로 두꺼비 집이다

그런데 내 동생이
옆에서 놀다 부수어버린다
짜증 나지만 더 튼튼한 집을 짓는다

아파트 모델 하우스 같은
두꺼비 집을 지으니 이번엔
파도가 밀려와 사정없이 부수어버린다

질투

개망초야 너는 복도 많더구나
시인들에게 사랑받고
수필가들도 너를 한없이 사랑하더구나

나는 너를 좋아하는 글쟁이들을
지금까지 수 없이도 보아 왔단다

언제부터인가 나도 네가 사랑스러워
발걸음 멈추고 자세히 보고 또 보았단다

대체 저 아름다운 별처럼 네 모습이 그렇게
눈이 부시고 빛이 나더구나 빛이 나더구나

매

푸드덕 소리에
하늘을 쳐다보니
휘익~ 날아가는 매 한 마리

매섭게 움푹 파인 눈
날카로운 부리
어깨를 쫙 펼치며 날아드는 드라큘라

어느 곳이라도
날아가 겁을 주려는 듯
제아무리 힘든 곳도 날아가겠구나

꿈에서라도 만날까
두려운 이 마음 우리 애들
본다면 아주 아주 두려워할 거야

아마도 우리 손녀가 제일 무서워하겠지?

서예 하는 당신

잠깐 외출한다던 남편
웃음꽃 한 아름 안고 온다

내가 서예를 하자 할 때는
그리도 하기 싫다더니만

자기 하고 싶어서 하니까
아주 열심히 쓰고 또 쓴다

선비문화관 예쁜 여인이 있어
잘 보이려는 마음에 그런 걸까

사오 년 쓰더니 잘도 쓴다
타고 난 솜씨가 있어서일까

암튼 보기 좋아요 아주 좋네요

제3부

단풍잎

고사리같이 귀여운
손녀의 두 손 꼬옥 쥐어본다

조그맣고 고운 하얀 손
사랑스럽고 예쁜 손
저 손으로 어떻게 세상을 헤쳐나가지?

단풍잎 같은
저리 고운 시절 내게도 있었을까

젖무덤

대흥초등학교에
근무하던 어느 날
교장 선생님 말씀 생각난다

저기 저 방장산을 보세요
봉우리가 젖무덤 같지 않나요?
눈을 가느다랗게 뜨고 보니
분명 여인의 젖가슴 똑 닮았다

어머니 젖가슴처럼
내게 따뜻하고 포근하던
우리 어머니 그 젖가슴 같다

내 젖가슴도 우리 애들에게
우리 어머니처럼 그렇게
포근하고 따스하게 해 주었을까?

맨드라미

새벽이 되기 전 맨드라미 같은 볏을 단
수탉이 꼬끼오하고 정적을 깬다
그 소리에 부리나케 부엌으로 나가시는 어머니
아궁이 재를 담고 솔가지로 불을 지핀다

아무것도 모른 채 꿈나라를 헤매는 우리 남매들
어서 밥 먹고 학교 가라며 도시락을 건네신다
우리 어머니는 어쩌면 그리도 잠이 없으신가

아이 엄마가 되고 나니
새벽이면 저절로 일어난다
아이를 나 보아야 어머니의 사랑을 안다더니…

엉겅퀴

산기슭을 좋아하는 너
민들레 냉이 쑥 씀바귀와
사이좋게도 지내는구나

보라색 꽃으로 여름 가을
황홀히 보내다 북풍한설에는
씨앗을 가슴에 품고 파랗게 파랗게
질린 채로 그걸 지키려고 애쓰는구나

너를 보면 생각나는 우리 어머니
비가 오면 부엌에 물이 가득 차
양동이가 둥둥 떠다니던 그 시절

부엌에 불을 지필 수가 없어서
너처럼 너처럼 우리 어머니도
한여름 갓 태어난 나를 지키려고
배 위에 올려놓고 주무시며 애썼단다

돌무화과나무

아프리카 모로코에 간 일이 있었다
돌무화과나무는 아프리카 여왕이란다

나무들 가운데서 여왕인 돌무화과나무
어머니처럼 젖줄을 지녀서 붙여진 이름

습기가 많은 강어귀에서 쑥쑥 자라나
나뭇가지 휘어지도록 열매를 맺는다

어머니도 자주 찾아오는 일가친지에게
마치 돌무화과나무처럼 베풀며 사셨다

며느리 싫어 집 나온 어른 마지막까지
함께 지내며 운명하는 모습 지켜보셨다

제사 뒤 동네 어른 머슴 술 고기로 대접
하고 큰고모 매년 한 달씩 두 번 모셨다

부모 없는 조카 데려다 알뜰히 보살피고
장사꾼들 오면 그냥 보내는 법이 없었다

다슬기

시장 좌판에 아주머니가
다슬기 내놓고 손님을 기다린다
아버지 그걸 보면 환히 웃으실 것만 같다

아직도 친정아버지 방에는
예전처럼 다슬기가
온 방안을 슬슬 기어 다닐 것만 같다

그 덕분에
구십이 다 되실 때까지
우리 아버지는 건강하게 장수하셨다

식성도 부전 여전인가
된장 풀어 끓인 쌉싸래한
다슬기 국물 나도 아주 좋아한다

폭약

계란 프라이 하려 달구어진 팬에
기름 몇 방울을 뚜욱 떨어뜨린다

계란 두어 개 깨트려 팬에 놓으니
폭약이 터지듯 나는 요란한 소리

피 이익 피 이익 소리 나더니만
가장자리부터 누렇게 익어간다

계란 프라이 먹는 우리 아이들
그 모습 참 보기가 좋구나

얼마든 해줄 테니 어서 커다오

까치밥나무

큰 아궁이에 불을 지펴 밥을 짓고
작은 부뚜막에 두부된장국을 끓인다

멸치볶음 김구이 조기 두어 마리 굽고
돌산 갓김치 콩나물 가지나물 무친다

온 가족이 까치처럼 비잉 둘러앉아
누가 더 빠르나 내기하듯 밥을 먹는다

남편은 밥맛이 좋다며 한 그릇 뚝딱
큰아이도 더 먹겠다며 밥솥을 뚫는다

촛불처럼

부엌과 집 주위 쌓아 놓은 장작들
날마다 아궁이에 넣고 불을 지핀다

촛불이 자기 몸 태워 환하게 밝혀주듯
방이 따뜻해져 푹 잘 수 있으니 좋다
타다 남은 장작불 군고구마 맛 별미다

으스스 추운 겨울 따뜻한 물 세수하기
딱 좋고 목욕 빨래에도 안성맞춤이다

가족들과 둘러앉아 벌겋게 달아오른
숯불에 삼겹살 구워 너도 나도
한 조각씩 그리고 강아지도 한 조각

애기똥풀

우리 아기 똥은
똥풀처럼 노랗고 냄새도 없다
젖도 잘 먹고 우유도 잘 마신다

젖을 먹은 다음
쌔근쌔근 잠도 잘 잔다
자고 나면 웃는 모습 예뻐 죽겠다

통통한 볼에 입맞춤하면
그리도 좋은지 잘도 웃는다
아장아장 걷는 모습 귀여워 손뼉을 친다

이리도 믿음직한 아이들
내가 모두 낳았다니
그 모습 볼 때마다 먹은 것 없이 배가 부르다

인공지능

컴퓨터가 갑자기
아프다고 하는데
남편은 고칠 수 없다고 한다

늦은 밤이라
누구한테 물어볼 수도 없어
둘째 아들에게 전화를 건다

화상전화로
컴퓨터 화면 보여 달라 해
아들 시키는 대로 했더니 딩동댕

며칠 후 또다시 고놈
꾀병 부려 전화하니
그것도 역시 곧바로 딩동댕이다

인공지능이 이런 것인가 보다

아들에게

무슨 일을 하다가
잘 안되고 꼬이게 되면

잠시 멈추고 나서
숨 한 번 크게 쉰 다음

뒤로 살짝 물러섰다가
자세히 바라보거라

며느리에게 바라는 것

내가 바라는 것은
네가 행복하게 잘 사는 것

내가 바라는 것은
핏기 돋는 건강한 네 모습 보는 것

내가 바라는 것은
네 남편과 금슬 좋게 사는 것

내가 바라는 것은
활기찬 우리 손녀 전화 한 통

하현달

큰오빠 병문안을 갔더니
나를 보고 누구냐고 묻는다
한동안 멍하니 허공만 바라보던 오빠
하현달 같은 눈으로 겨우 나를 바라본다

아무렇지도 않은 척 인사는 했지만
돌아오는 길 너무 마음 무겁고 허전하다
겨우 마음 추스르며 하늘을 쳐다보니
그래도 별님만은 반짝이며 내 마음 달래준다

언제나 주님께 기도하며 의지하던 분
그리도 진실하게 살아오신 큰 오빠
나를 참으로 예뻐해 주시던 분
별님이시여 우리 큰 오빠 좀 도와주세요

무지개떡

채석강 같은 무지개떡 만드느라
어머니는 어깨가 많이도 아프셨겠다
얼마나 힘이 드셨을지 이제는 알 것 같다

나도 한 번 어머니도 한 번
떡방아 찧다 보니 어느새
먹음직한 떡이 되었다 보기 좋은 떡이 되었다

정말 먹고 싶은데
이따 차례를 지낸 뒤 먹으란다
다음날 아침에 먹으니 이미 식어 맛이 별로다

청단풍

일흔두 번째 남편 생일
온 가족이 마스크 한 채로
비원으로 가 점심식사를 한 다음

내장산으로 가서
나윤이 뛰노는 모습도 보고
가을 단풍 속으로 풍덩 빠지고 싶다

엊그제까지 푸르던 청단풍이
지겹도록 내리쬐던 햇볕 아래서
이제 그만 지쳐 울긋불긋 물들어간다

청단풍 너처럼 숭고한 희생으로
세상은 비로소 비로소
아름다움으로 승화되나 보구나

살다보면

바람이 지나가는
자리에는 꽃이 핀다
그러니 너무 절망만 하지 마오

행복은 너희들의
앞마당에 있나니
자식들이여 그 행복을 지켜다오

부모들이여
오늘이 인생의 가장 좋은 날이니
내가 행복해야 세상도 아름답지 않겠소

이것저것 따지지 말고
제발 자신을 위해
투자 좀 하면 어떠하겠소

돈이 없거들랑
집 팔아 전셋집 얻고
자식 학원 한 개 줄이면 될 것 아닌가

인삼

미스코리아
선발대회가 열렸다
얼굴은 브이라인
몸매는 인삼처럼 에스라인

하느님이 창조한
예술 작품
아름답다 못해 눈이 부시다

꽃이 아름답다 한들
너희만 하겠느냐
곱디고운 그 모습
오래도록 지켜주려무나

내가 떠난 뒤 울어줄 이

아들만 셋
나는 딸이 없다

내가 살다가 세상을 떠나게 되면

여동생 하나 있는데
울어줄는지 모르겠다

옛사람들이 그러더라
그럴 때 남편은 화장실에 가 웃는다고

아마도
선산에서 만난 까치나 울어주려나?

코로나 19 바이러스

뒷동산에 올라 남편은
족두리풀 꽃 쑥부쟁이 제비꽃 패랭이꽃으로
예쁜 꽃반지 만들어 내 손가락에 끼워준다

웬일인가 생각하며 그 반지 바라보니
향기롭고 예쁘지만 코로나 19와 똑 닮았다

나도 꽃반지 만들어
그이 손가락에 끼워주니 그 사람도
향기에 취해버렸는지 어쩔 줄 몰라한다

코로나처럼 생긴 이 꽃반지 우리 부부
2020년을 돌아보며 오래도록 잊지 않으리라

휠체어를 타고서

우리의 죄 대신하여
구세주 예수님께서
십자가를 지고 가신 사순 시기

고난의 그 시기에
잠깐 내 삶의 자리 벗어나
떠나게 된 발칸반도 여행길

죄 없으신 주님께서
우리 죄 대신해 십자가 지고
골고다 언덕 오르신 그 사랑 잊고 있었다

십자가를 지고
힘겨워하시던 주님께서는
나더러 그 언덕 휠체어로 오르라 하신다

그 뒤로 주님을 뵈면
두려운 마음뿐이다
너무도 그분이 두렵다 너무도 두렵다

계단

무릎에 문제가 없는
선배님은 잘도 오르는 계단

조심조심 서서히 오르려면
시간이 오래 걸린다
서른 계단도 못 되는데
한라산 백록담 오르듯 오른다

땀 뻘뻘 흘리며 오르는데
천사처럼 남편이 뒤에서 밀어준다
내 인생도 이 계단과 똑같았다

한 계단 오르니 청춘이 지나가고
두 계단 오르니 중년이 되더니
세 계단 오르니 이 나이가 되었다

이제 모든 것을
내려놓아야 할 시간
미워하기 앞서 남의 입장 생각하자

사랑으로 감싸주기도 모자란 시간들

삿갓 바위

정읍 입암산 정상
우뚝 솟아있는 삿갓 바위
방랑시인 김병연의 삿갓 닮았다

그분은 조선이 낳은
최고의 시선이요
방랑 시인으로 이름 날린 분이지

벼슬도 마다하고
한평생 시만 읊다 간 그를
어느 누구인들 흠모하지 않으랴

남편과 정상에 올라 보니
마포 바지 방귀 세어 나가듯
여자 회원은 나 혼자뿐이다

방랑시인 생각하며
향우회원들과 등산한 일
추억하며 삿갓 바위를 바라본다

몸이 축나 안타까웠지만

그날 등산은

내게 자신감 준 뿌듯한 시간이었다

제4부

참된 교회 목사님

목사님은 매일 새벽 네 시에 일어난다
모든 사람이 잠에 취해 있는 그 시간
손에 손전등 들고 온 산을 헤매면서
죽은 나무토막 줍고 삭정이도 줍는다

춘란도 캐고 여러 가지 꽃을 캔 다음
아파트 재활용 쓰레기장에서 헌화분
주어다가 꽃을 심는 뒤에 그 화분들
골목길마다 갖다 놓고서 미소 짓는다

주일날에는 나무토막 삭정이로
밥을 짓고 그리고 국을 끓인다
반찬거리는 교회 옆 텃밭에 심은
상추 시금치 치커리 고추 부추 아욱

교인들이 좋아하시겠어요 하면
일부 교인들은 일꾼처럼 옷을
입고 다닌다고 쑤군거려요 목사님
그러거나 말거나 오늘도 꽃을 심는다

목사님네 풍산개

풍산개가
영리하다는 말은
이미 들어서 알고 있지만

어떻게 해서
그렇게 멀리 떨어진
너의 목사님 차를 알 수 있었니?

그렇게도
그분이 좋으니?
하기야 너를 주워다 길러주신 분

은혜도 모르는
인간도 있는데 너는
그분에게 항상 기쁨을 주더구나

노란 민들레꽃

정읍댁 큰아들 낳아
기르느라 고생하더니
노란 민들레꽃 같은
예쁜 며느리를 보았다

큰며느리 늘 웃는 얼굴에
싹싹하고 애교가 있어
온 가족이 예쁘다며
칭찬하고 좋아한다

떡두꺼비 같은 손주 낳자
정읍 양반 부부 손주 키우는
재미에 푹 빠져 지내더니
그 손주 무럭무럭 자라
이제 곧 장가들 날 다가온다

머지않아 노란 민들레꽃 피고
증손자 볼 날 올 거야 올 거야

8월의 금계국

늦둥이 두었다고
이웃집 아저씨
막걸리 한잔

그 이웃집 아저씨도
사발 가지고 달려든다

늦둥이 아장아장 걸으니
여기저기서 오라 하네

얼씨구나 좋다 좋아
동네잔치 벌인다

펭귄

이웃집 아줌마 임신해
배가 불러오더니
걸음도 펭귄처럼 뒤뚱뒤뚱

출산할 무렵 되더니
배가 불러 앉지도 못한다 그러지만
그 안에는 하느님 주신 귀한 새 생명

음식도 조심
발걸음도 조심조심
이웃엔 상냥히 웃고 말씨도 고운 말만

낭떠러지에 매달려 있는 소나무

자식 하나도 결혼시키지 못한
이웃집 아저씨
폐암 말기 판정을 받았다

새벽 뒷산 올라 심폐 기능 키우고
긍정의 마음으로
늘 웃음을 잃지 않고 산다

산삼 더덕 도라지 등
좋다는 건 다 구해 먹고
맑은 공기 흠뻑 마시고 청결에도 힘쓴다

낭떠러지에 매달려 있는
소나무처럼 아무리 힘이 들어도
꾹 참고 버티면 그 무엇인들 이기지 못하랴

이 아저씨 어떻게든
예전처럼 건강을 되찾아
자식 결혼시키고 웃을 수 있다면 얼마나 좋으리

달팽이

이웃에 사는 아이가
느릿느릿 달팽이처럼 걸어온다

어깨는 축 처진 채로
힘없이 걸어오고 있다

그렇게 오는 아이에게
따끔하게 한 마디 쏘아붙인다

그렇게 오다니 도대체 무슨 일이야?

교통 표지판 U

요즘 귀촌하는 사람들
마당도 파고 쉬는 땅 모두 판다

상추 고추 들깨 호박 심고
농약 안 치고 농사도 잘 짓는다

점심때 동네 사람들 불러
삼겹살 굽고 복분자주 한잔

농촌 사람들 순박하고 인심 좋아
귀촌한 사람들과 어울리며
마치 한 가족처럼 서로 잘도 지낸다

모깃소리

언제나 저렇게 푸른 사철나무를 바라보면 육촌 오빠 장가가던 그 날이 생각난다 작은오빠 따라간 배치 마을 당숙네 집은 전통 결혼식 준비로 동네방네 떠들썩했다 절구통 위 널빤지 위 질그릇 단지 속에는 빨강 하양 분홍색 조화 몇 송이 꽂혀있고 가득 채운 쌀 함지박과 통통한 암탉 한 마리 놓여 있었다

그 좌우엔 푸른 대나무 사철나무가 오색 테이프로 꽃단장하고 흥겨운 잔치 분위기 연출했다 신부는 원삼 족두리 신랑은 사모관대 하고서 온 동네 어른과 아이들로 마당 가득 채운 가운데 주례자 이끄는 대로 맞절하고 혼례를 치렀다

어찌나 떨리던지 축사를 한다는 게 모깃소리

장성역에 서 있는 기차

무섭게 생긴 용이
나를 주시한다 그 모습
커다란 두려움되어 내게 몰려온다

검은 용이 나더러
건너기만 해 봐라
내가 가만두지 않겠다고 한다

두렵지만 나는 용에게
간절한 마음으로 두 손 모아 애걸하며
가슴 저미고 기어이 기어이 철길을 건넌다

휴~ 다행히도 지각은 면했구나

들꽃처럼

바람도 쉬어가고
나비들이 춤추는 벌판
흙 내음 들꽃 향기 그대들은 아는가

언덕배기에 앉아
쑥 캐고 삐비 뽑던 곳
나비 한 마리 잡으려다 뒹굴고 말았지

방아깨비 잡아
방아 찧어 밥을 짓고
쑥 미나리 쑥부쟁이로 점심을 차리던 그 시절

들장미 향기에 취해
친구들과 뛰놀면서
해지는 줄도 모르고 들꽃처럼 살았다네

노랑나비 두 마리

어린 시절
숨바꼭질하고 싶다 했더니
동네 친구들 우리 집으로 왔다

숨바꼭질하며 노랑나비처럼
기둥에 붙어 술래가 되면
애들은 마루 밑 뒤란 외양간에 숨었다

행여나 들킬세라
숨을 죽이고 숨어있다
살짝 고개 내밀다 잡히고 말았다

그 시절 숨바꼭질 놀이는
그 옛날 내 기억의 창고에서
아직도 숨죽이고 있다가 꿈틀거린다

기러기 떼

운동회 하는 날 여자애들이
멋진 매스게임 보여주려고
기러기처럼 줄지어 연습을 한다

반복된 연습으로 지쳐가지만
멋진 매스게임 보여주려고
무더위도 잊은 채 땀을 흘린다

운동장은 하나뿐인데
연습하는 종목은 가지가지
어떻게든 훈련에 열중한다

여러 날 계속되는 연습에
지쳐가는 아이들 호랑이 선생님
구령에 어쩔 수 없이 춤을 춘다

울타리에서 구경하던 참새들도
아이들 따라 흉내를 내고
해님도 잘한다며 방긋 웃는다

숙제 검사

사철나무에 눈이 쌓이는 줄도 모르고
지난밤 지새우며 내내 수만 놓았다

오늘은 바로 가정 숙제 검사가 있는 날
두려운 마음에 자꾸 아른거리는 선생님

걱정하며 걷다 보니 어느새 학교 앞이다
하필 교문에서 가정 선생님을 만날 줄이야

멀리서 학교 오느라 고생했구나 웃으시며
반가이 손 내미시는 선생님 가정 선생님

상사화

6 · 25 때 아버지가
돌아가시어
그 무렵 태어난 내 친구는 유복녀다

바느질과
남의 집 일 해가며
그녀 어머니 친구를 잘도 키우셨다

어머니를 도우며
열심히 공부해 장학금도 받고
결혼한 뒤에도 어머니 은혜 갚으려 애쓴다

상사화 같은 부녀지만
언제나 밝은 내 친구
모든 일에 감사하며 행복하게 잘 산다

곰보배추

동초등학교에서 삼사 년
같이 근무했던 이 선생님
예쁘고 너그러운 분이셨다

천식으로 고생하시던 그분
곰보배추 환으로
건강은 괜찮은지 소식이 궁금하다

지금쯤 다 나았을 거야
마음은 비단결 성격은 한결같았다

일거양득

마스크를 쓰다 보니
답답하기도 하지만
좋은 점도 많구나

주름진 내 얼굴
사알짝 가려주고
귀찮은 화장 않고
지우지도 않으니 좋다

요사이는
민낯으로 수월하게
외출도 할 수 있으니 좋다

가지가 아홉인 느티나무

딸 일곱 아들 둘
이웃집 아주머니 자식이 구 남매
스스로 제 할 일 다 하는 딸들

맏딸은 엄마를 대신하여
사랑으로 동생들 보살펴준다
엄마가 일하러 가면 빨래 청소
식사 준비 집안일도 척척척

스스로 제 짝 찾아 시집도 가고
동생들 짝까지 잘도 맺어준다
결혼 뒤에도 도움 주고받으며
사이좋게 정 나누며 참 잘도 산다

부모님 칠순 잔치에
사십여 명 대가족이 모여
음식 준비 고운 옷 마련하여
동네에서 보기 드문 잔치 벌인다

부모님 얼굴에는 웃음꽃 활짝 피었구나

인생살이

파랑새 찾아 떠나는 우리네 인생
많이도 참고 또 기다리며
싸우지 않으려 절제하고 노력했다

그리고 별거 아니라며
용서하려 애썼고
어지간하면 손해를 봐도 괜찮다 했다

그런데 시집와 쭈욱 살아보니
내 생각과는 너무 달랐다
너무도 달랐다 정말 너—무도 달랐다

호박 넝쿨손

동물의 왕국에
산다는 도마뱀
배가 고프면 먹잇감을 찾는다

두 눈을 크게 뜨고
사방을 주시하고 있는데
저만치 개미 한 마리가 오고 있다

기다려라
내 배 좀 채워다오
넝쿨손 같은 혀로 잽싸게 개미를 낚는다

개미는 그만
꼼짝도 못 하며 먹히고 마는구나

아 이제야
배가 부르구나 배가 불러
지금부터 낮잠이나 한번 실컷 자볼까

경주

경주는 불국사 석굴암 첨성대 석가탑
그리고 포석정 그야말로 입체 박물관이다

신라인들의 숨결이 여기저기 꿈틀거리고
수많은 사람의 체취가 곳곳에 배어있다

아사달과 아사녀의 슬픈 사랑 서린 무영탑
아직도 도처에 흐르는 찡하고 찡한 마음이여

그래도 토함산 일출 모습은 잊을 수가 없다

마늘 밭

텃밭 가꾸기를
좋아하는 남편에게
힘이 드니 쉬면서 글이나 쓰자 했다

어느새 꾸며놓은 텃밭에
국군 장병 열병식 하듯
줄을 맞추어 씨 마늘을 잘도 심는다

논산훈련소 훈련병 시절
줄을 잘못 맞추면
장병들 지휘관에게 혼쭐이 났다는데

모든 병사들 연병장에서
기합 받는 모습 보고 싶어도
내게는 거시기 없어
가고 싶어도 가보질 못하는 이내 마음

칠면조

이상한 옷차림의 한 남자가
우리에게 마술을 보여주고 있다

갑자기 손에서 하얀 비둘기가 나온다

한 마리가 나오는가 싶더니
잠시 뒤 두 마리가 또 나온다

이어서 세 마리 네 마리 자꾸 나온다
온 세상이 무서운 비둘기로 가득하다

올 한 해 천지가
사나운 코로나로 꽉 채워졌다
칠면조 같은 마술로 우리를 겁박한다

제5부

역경

냇물이 흐른다 말없이 흐른다
친구 따라 흐른다
조약돌도 만나고 큰 바위도 만난다

나를 달래주는 물수세미도
만나고 부레옥잠도 만난다

참을 길 없는 속마음 흘려
강 스스로 강이게 하였다가
녹을 때엔 순서대로 녹아 물길을 연다

비닐하우스

추운 겨울 단풍터널 같은 비닐하우스에는 농사일로 바빠 눈코 뜰 새 없다 그 주인 가족들 모두 하나 되어 구슬땀을 흘린다 추운 겨울부터 이른 봄까지 애쓴 보람 있다

시금치 상추 쑥갓 아욱 들깨 무 배추 딸기 토마토 가지

이른 봄 수확 철 되면 수출 트럭 줄을 선다 애써 땀 흘린 보람으로 가득 쥐게 된 뭉칫돈 가방끈보다 오랜 버팀이 큰 보람되어 돌아온다

중매

산책을 하다가
길가 옆 대추나무 이 꽃 저 꽃 찾아
분주한 꿀벌이 하도 신기하길래
코를 꽃 가까이 대고 흥흥거려보니
이제야 그 이유를 알 것만 같네

그런 뒤 어느 날 또다시
그곳을 지나다 보니
그동안 벌들의 중매로 가지에는
크고 작은 대추들이 대롱대롱

꿀벌과 서로 도와
하루가 다르게
무럭무럭 커가는 대추를 바라보며
도대체 우리 애들은 누가 벌이 되어주지?

미꾸라지처럼

연은 진흙 아래로
미꾸라지처럼 여기저기에
뿌리내리려고 멀고 가까움 가리질 않는다

미네랄이 풍부한 진흙 안은
연뿌리에게는 그야말로 천국이란다

맛이 일품인 연뿌리 조림과 정과
차례상에는 정과가 제격이고
도시락 반찬으로 조림이 제일이지

아름답게 피어있는
연꽃을 바라보며 또 하나
연뿌리가 쭈우욱 쭉 뻗어 나길 빌어본다

와불

운주사 와불 같은 할아버지가
누워서 빙그레 웃으신다
힘든 일하다 쉬고 계시나 보다

무슨 생각을 하셔요
손주들 생각하셨지요
우리도 할아버지를 뵈러 왔어요

할아버지 오늘은
누가 놀러 왔나요
재미있는 이야기 많이 하셨어요?

혹시 약주도 드셨나요
속풀이 하시도록
황탯국 끓여 드릴까요 콩나물국을 끓일까요?

담쟁이넝쿨

성당 옆집 담벼락 담쟁이넝쿨
마치 쪽빛 이불 홑청을
깨끗이 빨아 널어놓은 것 같다

저렇게 빠느라 참
힘도 많이 들었을 것이다
널 때는 자식들이 도와 드렸겠지

햇빛과 바람 넉넉히 주신 하느님 덕에
오늘 밤 왕자님과 공주님이
아름다운 사랑을 나눌 거야

고구마

어린 시절 고구마가 먹고 싶어
남의 밭 귀퉁이를 얻어
고구마 모종 몇 줄기 심었다

이제 겨우 뿌리가 내릴 무렵
참을 수가 없어서
하룻길 마구마구 두럭을 파헤쳤다

하지만 이제사 연한 분홍빛
띠기 시작한 고구마 뿌리 보고서
먼 데를 바라보며 한숨지어야 했다

그러고 몇 날이나 지났을까
또다시 충동질해 두럭을 파헤치니
고구마가 성질도 급하다며 버럭 화를 냈다

그 뒤 꾸욱 참고 기다린 끝에
수확해 삶은 빠알간 고구마 몇 알
내 마음 흡족하게 해 준 그 고구마 잊을 수가 없다

바람개비

새만금 간척지 부근
넓은 바다에는
커다란 바람개비들이 돌고 돈다

세찬 바닷바람이
저 바람개비를 돌리면
우리 집 선풍기가 돌고 에어컨 밥솥이
제 할 일을 다한다니 신기하기만 하구나

나도 바람개비 되어 신나게 돌고 싶다

국수 버섯

서울 남산타워에서
사방을 둘러보니 천지가
국수 버섯 같은 아파트뿐이네

저리도 많다지만
내가 찾아갈 곳 어디뇨
우리 시누이도 살고 조카도 산다지

제아무리 사는 게
편리하다고는 하지만
갑자기 불이라도 난다면 어찌할꼬

보조개

넓은 벌판에 자리한
보조개 같은 맑은 호수
물고기 떼 먹이 구하려 야단이다

낚싯밥에 홀려
넘어간 놈도 있고
먹이를 뺏기지 않으려 안간힘을 다한다

데이트하는 연인들
호수 둘레 길을 거닐며
패랭이꽃 반딧불이 친구 되어 속삭인다

황량한 벌판 위로
잡초가 무성하고
호랑나비 짝을 찾아 헤매고 헤맨다

개미

방직공장에 가니
개미처럼 여인들이
부지런히 부지런히 베를 짜고 있다

명주베를 짜고
삼베도 짜고 있다
명주베는 비단옷 삼베는 어르신 수의

희뿌연 한 먼질랑은
아랑곳하지 않고 허리도 아프고
고개도 아플 터인데 부지런히도 베를 짠다

가족들 생각하면
잠시도 쉴 수 없다며 짠다
이만큼 살 게 된 것도 쉼 없이 땀 흘린 덕이라며…

무지개

상동 골목길
새로 생긴 옷가게 들러
예쁜 옷 찾아 이리저리 둘러본다

개업 소식에
가게는 손님들로 붐비고
우리 가족 옷 사려고 고르느라 바쁘다

사은품으로 받은 바구니를
옆구리에 끼고
뒤를 돌아보니 웬 무지개?

커다랗게 써 놓은 가게 이름
빨 주 노 초 파 남 보
무지개 풍선과 함께 하늘 높이 펄렁인다

차도 귀가 있나 보다

삼십여 년 전 에스페로 타다가
십 년쯤 되던 어느 날 남편은
이 차 좋은 차로 바꿔야지 한다

차도 귀가 있어서 알아들은 걸까
기분이 좋지는 않았던지 며칠 뒤
나쁘지 않은 도로에서 논바닥으로
구르며 가로수와 부닥쳐버린다

다행히 사람은 다치지 않았지만
우리는 그 차와 아쉬운 작별을
해야 했다 우연인지 그다음에도
예전과 똑같은 일이 일어났다

차도 사람처럼 귀가 있나 보다

내가 잘하는 것

나는 특별히
잘하는 것이 없다
노래도 춤도 요리 솜씨도

거기다 운동과
몸 관리까지도

그러나 딱 하나 잘하는 것
사람을 만나면
한 모금의 미소를 얹어주고
칭찬거리를 찾는다

모두가 싫어하지는 않는다

세상을 잘 살았나

나는 진실만을 사랑하고
책임감이 너무 철저하다 보니
건강한 편이 아니라서
잘 못 살았다고 생각했는데

친구의 전화를 받았다
반세기 만에 걸려온 전화

너 멋진 인생을 산다며?
뭐가 난 절대 그러질 못해

수필집도 부부가 함께 냈다며?
그리고 자식도 셋이나 두었다며

산파

살다 보면
가슴속에 무엇인가
자꾸 속이 메슥거린다

오래된 무엇인가가
바깥으로 나오려 하나
아쉽게도 이곳에는 산파가 없다

자꾸 어루만지고
다듬고 사랑해 준다면
그 언젠가 곱디고운 내 시 한 편 나오겠지

시집 만들기

향적봉을 향해
등산을 한다
한참을 오르다가 쉬고 또 오른다

쉬는 동안 일행과
세상 얘기도 나누고
준비해 온 간식도 나누어 먹는다

향적봉에 올라
사진도 찍고 한참을
쉬다 보니 해가 서산마루에 걸렸다

다급한 마음으로
달빛과 하산했다
시집 만들기가 등산처럼
어렵기도 하고 또 재미도 있다

세상 보는 눈이 맑아지고
사물을 잘 헤아려본다

개나리

예수님께서 부르시는
개나리꽃 모양의 종소리
얼른 일어나 교회로 향한다

십자가 아래
제의 차림의 신부님
경건한 마음으로 미사를 드린다

주님이 계시는 곳
말씀 먹고 성가도 부른다
주님은 우리에게 고난도 은총도 주신다

검은 잠자리

해 질 녘에 TV를 본다
검은 잠자리처럼
멋진 남자가 웃으며 들어온다

한줄기 햇빛이
뒤따라 들어오니
그 사람 뒤에 무지개가 선다

아주 멋지게 생겨
눈이 별처럼 빛나니
암컷들을 많이 설레게 했으리라

지금 내 침실로
와줄 수 있나요?
조금 전 목욕재계 했습니다요

산수유

봄이 오는 소식을
전해주는 노란 산수유꽃
꽃잎 하나 둘 지면 봄비도 노랗다

희망찬 봄이 왔다며
나물 캐는 이 그리고
텃밭이나 벌판에는 농사일에 한창이다

봄맞이 대청소로
집안 분위기도 바꿔보고
한 해 계획 세워 하루하루 실천하려 애쓴다

살포시 피어난
정읍사공원 노란 산수유꽃
차분하고 은은한 모습으로 저처럼 살라 한다

성당 느티나무

성모님 상 곁에 서 있는 느티나무
오래전 남편 따라오더니
성모님 고운 모습 지키려 그늘 드리우고 있다

비가 오는 날에는
우산이 되어 드리고
캄캄한 밤에는 외로우실까 말동무해드린다

밤하늘 둥근달
반짝이는 별을 보며
성모님께서 우리 중재자 되시라 기도한다

주일날 교우님들
차 마시며 이야기 나누도록 그늘 되어 주고
서로서로 성모님처럼 행복한 미소 짓게 해 준다

동백꽃

평화로운 이 땅에
전쟁이 났다 정신없이
전우의 시체를 넘고 넘어 싸운다

머리와 가슴에는
붉은 피로 범벅이다 여기저기에
동백꽃 같은 시신이 수없이 나뒹군다

누구 하나 도와줄 수 없는
다급한 상황 바로 내 앞의 전우는
내 둘도 없는 친구 뒤돌아보다간 나도 저승길

하지만 최선을 다해
이 나라를 지켜야 한다
우리 부모 형제는 내가 지킨다

속풀이

아파트 화단 가장자리에 있는
회양목 주위를 벌들이 윙윙거린다
왜 그러나 보았더니 조그만
연두색 꽃 꿀 향기 코를 찌른다

그동안 애들에게 시달려
가지가 끊어지고 잎도 떨어졌네
얼마나 아팠을지 알 것만 같구나
한동안 나도 허리 아파 힘들었거든

그 모습 바라보는 내 마음 아리다
수많은 나날을 견디다 못해
이제는 더 이상 버텨낼 힘조차 없어
흔적도 없이 사라져 가야 하는 운명

이제는 네게 자주 와 볼 거야
마음속 이야기 너희와 나누고 싶어
혼자서 속상한 일 삭이며 지냈는데
이제는 모든 걸 다 털어놓고 싶구나

발문

시집을 출간하는 아내를 보며

고 안 상 / 수필가

아내가 문학에 관심을 두게 된 것은 '시인으로 사신 나의 조부님 영향이 크지 않았나!'라는 생각을 해본다. 조부님께서는 가난한 집안에서 태어나 일찍 부모님을 여의고, 어려운 환경에서 서당 훈장님 아래서 심부름을 하면서 글을 깨우치고 스스로 많은 노력을 다한 끝에 서당 훈장이 되셨다. 훈장으로 글을 벗 삼아 문하생들을 가르치고 틈틈이 시를 쓰시며 평생을 사신 분이다.

나는 1976년 5월에 아내와 약혼을 하고, 그 이듬해 2월 하순에 결혼식을 올렸다. 처가는 전남 장성 울산 김 씨로 하서 김인후 선생의 후손이라 하여 자부심 또한 꽤 큰 집안이었다.

나와 결혼을 한 뒤, 아내는 사촌 형님께서 펴내신 조부님의 한시집 『초남 시집』을 보고서 문학에 대한 관심을 두기 시작했다. 그때부터 아내는 부모님 제사 때에 가족들이 모이면 조부님 한시를 함께 음미하는 시간을 갖고 또 암송대회를 하자고 제안했다. 후손으로서 우리가 시나 문학에 대한 관심을 가져 조부님의 뜻을 이어가자는 것이었다.

나는 부친 나이 마흔이 되어서 태어난 우리 집안의 맏아들이다. 부모님께서 나를 비롯해 7남매를 낳으셨다. 그런 집안에 시집 온 아내는 연약한 몸으로 부모님 모시는 데 신경을 쓰고, 교직생활하랴, 자식을 셋이나 낳아 기르랴 참으로 고생이 많았다. 그래서 직장생활을 하는 동안에는 문학에 대한 관심이 있었다 해도 글을 쓴다는 엄두조차 낼 수 없었다.

아내를 칭찬하는 건 팔불출에 속한다지만 조금은 그 선을 넘어야만 할 것 같다. 먼저 아내는 참으로 차분한 사람이다. 나와 함께 살아오면서 집안일이나 자식 교육은 물론 무슨 일이든지 남편인 내가 하는 일을 지지해주었다. 그래서 나는 자신감을 가지고 내가 생각하는 일들을 해왔다. 그동안 살면서 잘못한 일도 없지는 않았으나 뒤에서 비난하거나 반대하지 않고 차분하게 자신의 의견을 제시해 목적한 바를 이루는 데 도움을 주었다. 아이들이 진학하는 과정에서도 힘들어하면 차분히 그 아이들이 어려움을 잘 극복할 수 있도록 조언하고 도와주었다.

둘째로 어떤 일이든지 시작하면 중간에 포기하지 않고 끝을 볼 때까지 끈기 있게 일을 처리하는 사람이다. 음악에 대한 조예가 깊지 않은 데도 합창부를 맡자 음악에 대한 지식을 넓히고 학생들을 한 팀이 되게 잘 이끌어 준비하고 지도해 좋은 결과를 얻는 것을 보았다. 수필을 공부하면서도 그랬다. 그녀의 그런 성격을 유감없이 보여주어 수필 작가로 등단을 하고 첫 번째 수필집『들꽃 향기에 취해』를 내었다.

셋째, 인생을 사는데 조미료 같은 유머 감각을 발휘해 분위기를 여유 있게 해 준다. 평소 무미건조한 성격의 소유자로 사람 맛이 나지 않는 나와는 전혀 다르다. 아마도 나와 비슷한 성격의 소유자와 평생을 함께 했다면 참으로 조용하고 평범한 일상의 삶을 살아왔을 것이다. 그런데 나의 아내는 그런 나를 가끔은 웃지 않을 수 없게 만드는 재주를 가지고 있다. 어떤 때는 내가 화를 내야 할 상황인데도 웃고 말게 하는 그런 사람이다. 그러기에 우리 가정은 다른 가정에 비해 좀 더 밝은 분위기 속에 살지 않나 생각을 해본다. 그런 아내와 함께할 수 있다는 것이 내게는 큰 행운이란 생각이 들어 마음속으로 감사하며 살고 있다.

마지막으로, 아마 이건 그녀의 장점이면서 약점이 될 수도 있을지 모르겠다. 조금은 주관이 뚜렷하다고 생각한다. 자신이 옳다고 생각하면 그녀의 뜻을 쉽게 굽히지 않는다. 그래서 가끔 언쟁도 하고 불편한 경우도 있었다. 그런 태도가 뒷받침이 되기에 오늘의 그녀가 있는 것이다. 그녀는 날밤을 새워가며 무더운 여름철부터 지금까지 매일 시 공부를 하고 있다.

아내와 40여 년을 살면서 함께 교직 생활을 했고 퇴직을 한 뒤에는 다시 수필 공부를 해왔다. 곰곰이 되돌아보면 나는 행복한 사람이라는 생각이 든다. 교직에 함께 있었고 또 문학을 함께 하다니 이런 경우는 드문 일일 것이다. 함께 글을 쓰다 보면 서로가 의견도 나누고 생각하는 바를 얘기할 수가 있어서 좋고 또 행복하다는 생각이 든다.

지난해 우리 부부는 부족하지만 수필집도 한 권씩 내고 또 칠순 겸 출판 기념행사를 가졌다. 이런 행운이 우리 부부에게 주어지다니 너무너무 행복하고 감사했다.

그런데 이번에 또다시 아내가 그동안 틈틈이 써온 글과 요즘 새로 쓴 글들을 모아 시집을 낸다고 하니 우리 가정에 축하할 일이요 경사스러운 일이다. 그녀가 너무 자랑스럽다. 아내에게 이런 기회를 주신 하느님께 고개 숙여 깊은 감사를 드린다.

김창임 시집
그것이 사랑이었다

인 쇄 2021년 1월 13일
발 행 2021년 1월 20일

지은이 김창임
발행인 서정환

펴낸곳 신아출판사
주 소 전라북도 전주시 완산구 공북1길 16
전 화 (063) 275-4000, 252-5633
팩 스 (063) 274-3131
이메일 sina321@hanmail.net
출판등록 제465-1984-000004호
인쇄 · 제본 신아출판사

ISBN 979-11-5605-863-2 03810
값 10,000원

이 도서의 국립중앙도서관 출판예정도서목록(CIP)은 서지정보유통지원시스템 홈페이지(http://seoji.nl.go.kr)와 국가자료공동목록시스템(http://www.nl.go.kr/kolisnet)에서 이용하실 수 있습니다.